AF581811

Vigismond.

RÉPONSE

POUR LA COMTESSE

DE VALOIS-LAMOTTE,

AU MÉMOIRE DU COMTE

DE CAGLIOSTRO.

A PARIS,

De l'Imprimerie de L. CELLOT, rue des Grands-Augustins.

1786.

RÉPONSE

POUR LA COMTESSE DE VALOIS-LA MOTTE, *AU MÉMOIRE* *DU COMTE DE CAGLIOSTRO.*

LE Mémoire auquel la comtesse de la Motte va répondre, est un de ces écrits romanesques qui ne doivent pas être flétris seulement par les traits du ridicule.

La métamorphose d'un artisan de Naples, sous des noms & des titres imposans; sa naissance, qu'il dit être inconnue à lui-même; une éducation dans l'Arabie, sous la conduite d'un gouverneur, avec un domestique nombreux; son initiation dans les sciences, les arts & les langues des nations: bien plus, un voyage observateur dans trois des quatre parties du globe; une mission ministérielle auprès de l'humanité ſouffrante; l'héroïſme d'un déſintéreſſement, qui a bravé la munificence des ſouverains & la reconnoiſſance des ſujets; en un mot, ce tréſor toujours renaiſſant pour alimenter ſon luxe perſonnel : tout cet enſemble, n'en doutons pas, n'a été imaginé que pour annoncer un homme rare, extraordinaire, divin. Et comment le livre de ſon apothéoſe a-t-il été reçu?

Parmi la foule des lecteurs, quelques-uns ont cru au merveilleux, parce que le merveilleux a des droits ſur le peuple des villes, & ſur le peuple des Cours.

D'autres ont feint de croire, parce qu'ils ont ſenti le poids qu'un grand perſonnage pouvoit donner à la cauſe du Prélat auquel ils s'intéreſſent.

D'autres encore, humiliés ou d'avoir cru, ou d'avoir feint de croire, prétendent que la réfutation de l'ouvrage, fabuleux ou vrai, devient aujourd'hui inutile à l'inſtruction de délits plus graves; en ſorte qu'après avoir laiſſé dégrader leur raiſon, ils voudroient nous défendre de venger l'outrage fait à leur ſiecle par un écrit ſéditieux.

Sans doute la diſcuſſion de délits graves nous occupe ſérieuſement. Elle eſt l'objet du travail que nous préparons contre M. le Procureur-Général, accuſateur de la comteſſe de la Motte, ou plutôt contre le Prélat, ſon dénonciateur; mais nous avons dû nous diſtraire, pour nous écrier à notre tour: voici un aventurier d'un genre nouveau, non pas ſeulement impoſteur dans l'affaire principale, mais UN IMPOSTEUR PUBLIC, qui, pour écarter le ſoupçon de ſa derniere eſcroquerie, voudroit faire conſacrer toute une vie menſongere par un monument menſonger.

Cependant ſa défenſe eſt diviſée & ſubdiviſée. Premierement, confeſſion du comte de Caglioſtro; c'eſt-à-dire, l'hiſtoire de trente-huit années ; secondement, son interrogatoire sur l'influence qu'il a eue dans toute l'affaire du collier ; troisiemement, sa réfutation des pages de notre Mémoire, qui l'a introduit dans l'accusation criminelle. Entrons en matiere dans le même ordre.

PREMIERE PARTIE.

Confession du Comte de Cagliostro.

Si l'on doit l'en croire, ce n'est pas la partie la moins importante de sa justification ; mais, si sa naissance, ses noms, ses titres, son éducation ; si ses courses errantes, sa présentation dans les Cours, sa mission auprès de nous, comme médecin, si tout cela n'est qu'un tissu d'effronterie, quel crédit l'historien effronté méritera-t-il, lorsqu'il ouvrira la bouche sur l'affaire capitale ?

Ce seroit peut-être un préservatif nécessaire contre ses fables, que de rassembler ici ce qu'ont dit les papiers publics, ce que disent des personnes, ou qui l'ont vu, ou qui ne l'ont pas apperçu sur les lieux dont il parle, & tant de lettres, de notes qu'on s'est empressé de nous communiquer. Nous y suppléerons pour le présent par un recueil imprimé sur un différend élevé entre lui & un chirurgien qu'il avoit cru devoir s'attacher à Strasbourg, imprimé de 1782, antérieur par conséquent à la négociation du collier, qui n'est que de 1785 ; & dans l'une des pieces de ce recueil, qu'est-ce que le sieur Sachy, chirurgien, expose ?

« En passant par Strasbourg, en 1781, il rencontra le
» sieur Cagliostro, qu'il avoit connu peu d'années auparavant

» à Valence, en Espagne, sous le nom de dom *Thiscio*, n'aspirant pas alors aux qualités qu'il se donne aujourd'hui, » trop heureux de la protection que le sieur Sachy voulut bien » accorder à Thiscio, qui se disoit simplement lieutenant d'un » régiment Napolitain, dont il portoit un petit uniforme, » bien éloigné aussi de se qualifier comte, encore moins grand » médecin.

L'imprimé continue : « le sieur Sachy, par pure humanité, le traita d'une maladie grave dont il étoit attaqué, » ainsi que la dame *qu'il a* avec lui ; & le frere de cette dame. » Obligé de quitter Valence, s'étant retiré à Alicante, Thiscio » éprouva bientôt des catastrophes si humiliantes que, par » honnêteté & par respect pour le public, le sieur Sachy croit » devoir les passer sous silence ».

Nous ne suivrons pas dans cette piece du recueil les arrangemens pris avec le sieur Sachy, pour qu'il suivît des maladies dont le sieur Cagliostro, est-il dit, ne connoissoit ni le genre, ni la nature, n'ayant sur-tout aucune teinture d'anatomie, ni la vraie application des remedes ; mais l'acte que nous analysons finit en lui déclarant « que s'il persiste à ne » pas donner au sieur Sachy satisfaction sur des appointemens » convenus, il fera imprimer le présent acte & autres pieces » justificatives, avec un mémoire plus détaillé dans lequel il » apprendra au public le véritable nom du sieur Cagliostro, né » dans un fauxbourg de Naples, son origine, les obligations » respectueuses qu'il a à la maison du duc de Castropignany, » ses liaisons avec le sieur Cosmopolite (fameux charlatan » d'Italie), la reconnoissance qu'il lui doit, comment *a passé* » *entre ses mains* la dame Cagliostro, & l'état de son pere à » Rome ; le sieur Cagliostro ne pouvant ignorer que le sieur

» Sachy eſt inſtruit de tous ces faits par la connoiſſance que » lui en a donnée le frere de cette dame à Valence, & ce » qu'il en a appris à Alicante dans la fameuſe affaire ſur la» quelle il n'a pas cru devoir s'expliquer ».

Nous ne la publierons pas actuellement, quoique nous en ſoyons inſtruits par une lettre particuliere qui contient beaucoup d'autres faits; mais ce que cette lettre ajoute à l'imprimé, c'eſt « que le ſieur Caglioſtro eſt né dans un faux» bourg de Naples; que ſon nom eſt Thiſcio, qu'on pro» nonce en Italien *Ticho*; que ſon pere, qui étoit *cocher* à » Naples, lui a fait apprendre le métier de *perruquier*; qu'il » a été *valet-de-chambre* du duc de Caſtropignany; compa» gnon enſuite du fameux aventurier, connu ſous le nom » de Coſmopolite, à qui il a dérobé ſes ſecrets pour voler » depuis de ſes propres aîles ». Comment donc Thiſcio, né dans un fauxbourg de Naples, Thiſcio, fils d'un cocher, Thiſcio apprentif barbier, Thiſcio, valet-de-chambre, eſcamoteur des ſecrets d'un autre charlatan, comment a-t-il arrangé dans ſon cerveau les fables qu'il va débiter depuis la page 6 juſqu'à la page 30 de ſon burleſque roman?

Et d'abord ſa naiſſance & ſon nom.

Il ignore, dit-il, le lieu qui l'a vu naître & les parens qui lui donnerent le jour. Ses recherches n'ont abouti qu'à lui donner ſur ſa naiſſance des idées grandes, mais incertaines. Il a paſſé ſa premiere enfance à Médine en Arabie, élevé ſous le nom d'Acharat qu'il a conſervé dans des voyages d'Afrique & d'Aſie, logé à Médine dans le palais du Muphty

Salahaym, *chef* de là religion mahométane. Il se rappelle aussi avoir eu autour de lui quatre personnes: un Gouverneur, âgé de cinquante-cinq à soixante ans, nommé Althotas, trois domestiques, un blanc, qui lui servoit de *valet-de-chambre*, & deux noirs, dont l'un étoit jour & nuit avec lui. Ce gouverneur Althotas lui a dit qu'il étoit resté orphelin à l'âge de trois mois, & que ses parens étoient nobles & chrétiens. Quelques mots dits au hasard lui ont fait soupçonner qu'il étoit né à Malthe, fait qu'il lui a toujours été impossible de vérifier.

C'est-là néanmoins ce que des lecteurs ont cru sur sa parole. Il auroit pu placer le lieu de sa naissance par-tout ailleurs, & les mêmes lecteurs le croiroient encore. Est-ce donc à nous à rapporter les preuves du contraire? Il est un principe avoué par la raison & consacré par les loix positives dans les matieres civiles & dans les matieres criminelles, c'est que la preuve des faits, lorsqu'ils sont contestés, lorsqu'ils le sont en Justice, lorsque sur-tout un accusé est interrogé judiciairement, cette preuve des faits est le devoir de celui qui les allegue, & ici nulle preuve donnée ni même promise, puisqu'il n'annonce pas un seul papier qu'il puisse produire. Il dit, il narre, & il faut l'en croire sur des faits par leur nature incroyables! Quelle ineptie d'ailleurs de confondre les usages des nations! Un *valet-de-chambre* en Arabie! Quelle ignorance aussi de faire du *muphty* de Médine, ville particuliere, le chef de la religion de Mahomet, tandis que le Grand-Seigneur réunissant dans sa personne le sacerdoce & l'empire, les muphtys ne sont que les chefs des prêtres & les interprêtes de la loi, chacun dans leur département!

Mais,

Mais, Education d'Acharat.

ALTHOTAS ſe fait un plaiſir de cultiver les diſpoſitions que ſon éleve annonçoit pour les ſciences, & que le maître poſſédoit toutes, depuis les plus abſtraites juſqu'à celles de pur agrément; & pour jetter à Médine les premiers fondemens d'un métier, & non d'une honorable profeſſion, on dit que la botanique & la phyſique médicinale furent les ſciences dans leſquelles l'éleve fit le plus de progrès. Le gouverneur lui apprend auſſi à adorer Dieu, à aimer & ſervir ſon prochain, à reſpecter en tous lieux la religion & les loix. Si tous deux portoient l'habit Muſulman, la véritable religion étoit empreinte dans leur cœur. Il apprit encore la plus grande partie des langues de l'Orient; & pour préparer à le croire, on lit dans un autre endroit, qu'il n'écrit jamais en françois, fort peu en italien, ce qui ſuppoſeroit qu'il avoit une langue naturelle.

Qu'oppoſer à de pareilles aſſertions? Quoi! parce qu'il a l'intrépidité de tout alléguer, ne nous reſte-t-il d'autre reſſource que de tout nier? Nous avons ici des interpretes connus, qui ont été ſur les lieux, qui entendent, parlent & écrivent le langage arabe, perſan, en un mot, oriental. Ce ſeroit une expérience curieuſe que de leur livrer le napolitain par la voie d'une information; &, malgré des grimaces étudiées, il pourra facilement être reconnu qu'il n'a ſur les levres que des mots vagues, retenus de mémoire, ou inventés, ſans périodes, ſans ſuite; que ſa géographie, que ſa ſcience topographique ſont également bornées; information d'un genre nouveau, qui provoqueroit contre un fourbe des jugemens indépendans de celui que toutes les Parties ont intérêt d'accélérer ſur le fonds de l'affaire.

Suivons-le dans ses voyages, seconde éducation qu'on se donne quelquefois à soi-même.

Les jeux du berceau de Médine perdent tous leurs charmes aux yeux de l'adolescent, qui alors avoit atteint sa douzieme année. Le mupthi fait préparer une premiere caravane qui porte les cinq pélerins à la Mecque; & ils descendent, où? Au palais du chérif. On fait prendre à Acharat des habits plus magnifiques. Dès le troisieme jour, il est présenté au souverain, « & à l'aspect » du Prince, un *bouleversement* inexprimable *s'empare* de mes » sens, mes yeux se remplissent des plus douces larmes, je » suis témoin de l'effort qu'il fait pour retenir les siennes. . . . » Je reste trois années à la Mecque, il ne se passe pas de jour » que je ne sois admis chez le chérif. . . . Souvent je le sur- » prenois les yeux attachés sur moi, & les élevant ensuite » vers le ciel avec les marques de *la pitié & de l'attendris- » sement* ».

La pitié! c'est en effet un des grands ressorts de nos actions de théâtre; mais ne nous abandonnons pas à l'illusion: Acharat n'est pas fils du chérif, il est Thiscio, né dans un fauxbourg de Naples. L'illusion ne doit pas même continuer, quoique son gouverneur le reprît avec sévérité, lorsqu'il paroissoit curieux de se connoître; quoique le Noir, qui couchoit dans son appartement, lui répétât qu'il étoit menacé des plus grands malheurs, s'il quittoit Médine, & qu'il devoit sur-tout se garder de la ville de Trébisonde, *Capitale*, dit une note, *d'un empire voisin de l'Arabie*.

Ici des erreurs grossieres; si Trébisonde a été une ville considérable de l'ancienne Grece, ce n'est depuis des siecles qu'une très-petite ville. L'espece d'empire que des Princes Grecs y avoient établi, après que les Latins eurent conquis ſur eux Conſtantinople, n'a pas long-tems ſubſiſté. D'ailleurs la magnifique ou la médiocre Trébiſonde n'eſt pas *voiſine* de l'Arabie, qui, ſuivant nos géographes, en eſt ſéparée, ainſi que de la Mecque, de près de 500 lieues (1).

Quelle autre forfanterie, de ſe faire menacer des plus grands malheurs par ſon Noir, s'il quittoit la Mecque, s'il ſongeoit à Trébiſonde? Que veut-il dire? Seroit-ce que ce viſionnaire eût eu le projet ſecret d'en aller relever le ſiege, de donner à Alexis & à David Comnènes des ſucceſſeurs, & de-là ébranler les trônes que l'empire Muſulman poſſede en Europe & dans l'Aſie? N'eſt-ce pas aſſez inſulter à notre crédulité? Lecteurs, il va laſſer notre patience & ſans doute la vôtre.

Il ſe laſſe en effet de la vie uniforme qu'il mene à la cour du chérif, & ſans nous détailler rien ſur les ſciences auxquelles il s'eſt contenté de dire que ſon gouverneur l'avoit formé, le goût des voyages l'emporte. Un jour le chérif entre ſeul dans l'appartement qu'il occupoit au palais. Etonné de la faveur, il ſe ſent ſerré avec tendreſſe dans les bras du Muſulman, qui lui recommande de ne jamais ceſſer d'adorer l'Eternel, qui l'aſſure qu'en ſervant fidélement l'Eternel, il finira par être heureux & connoître ſon ſort, « puis baignant mon viſage de » ſes larmes, *adieu*, dit-il, *fils infortuné de la nature* ». Le voilà, ce titre d'un grande action qu'il ſemble préparer, LE FILS DE LA NATURE; en trouverons-nous le nœud, l'intrigue & toute l'architecture théâtrale dans d'autres voyages qui vont ſuivre (2)?

(1) Voyez le Journal de Paris, n°. 68, année 1786.

(2) *Il ſeroit tout auſſi facile de donner le titre de la parodie;* Thiſcio, Barbier de Naples.

Alors nouvelle caravanne commandée *exprès* pour Acharat; nouvelle ineptie, puisque les caravannes sont des troupes de milliers de marchands, de voyageurs ou de pélérins qui marchent de compagnie pour se garantir des voleurs arabes, & l'idée d'une caravanne pour ces cinq compagnons ne seroit jamais tombée dans la tête d'un homme qui auroit abordé les régions orientales.

Cette caravanne nouvelle se dirige vers l'Egypte, où il fait connoissance, avec qui? avec les ministres de différens temples, lesquels veulent bien l'introduire dans les lieux, *où le commun des voyageurs ne pénétra jamais*; car les usages les plus religieux, les plus séveres seront toujours violés en faveur de ce mortel privilégié. Mais de quels temples entend-il parler? Il est visible que sa vaste érudition lui rappelle en ce moment les temples de marbre & de granit, ceux d'Isis, d'Osiris, d'Apis, désertés depuis des siecles, & qui n'existent plus que dans les fastes de l'antique mythologie.

Il met trois ans à parcourir les principaux royaumes de l'Asie & de l'Afrique, dont il ne nomme aucun, dont il ne donne aucun fait historique, remettant à un temps plus favorable cette partie de l'histoire; ensorte qu'il est déjà sorti de Médine, de la Mecque, de l'Egypte, de l'Asie & de l'Afrique, sans que nous voyions cette provision d'idées, de connoissances, ni même cette science physico-médicale qui deviendra en lui une espece de frénésie: c'est au tribunal souverain de la nation que ces bisares idées sont présentées.

Avançons donc vers l'Europe.

En 1766 il arrive à l'île de Rhodes avec son gouverneur & les trois domestiques qui ne l'avoient pas quitté depuis son enfance. Ils ne s'arrêtent pas, ils passent debout & s'embarquent sur un vaisseau françois, qui faisoit voile pour Malte ; station importante ! Nous l'avons dit, ce ne sera pas seulement les traits du ridicule, c'est l'impudence même. A Malte, malgré l'usage qui oblige les vaisseaux venant du levant à faire la quarantaine, il obtient, au bout de deux jours, la permission de débarquer. Le grand-maître Pinto lui donne dans son palais, ainsi qu'à son gouverneur, un logement voisin du *laboratoire*, qui apparemment étoit un laboratoire de chymie; voisinage auquel il se borne, puisqu'il ne parle pas encore d'études ni d'exercices dans cette partie ; mais ne lui passons pas une autre jactance.

Nous savons en France qu'une des loix fondamentales de l'île, est la loi de la quarantaine. Il n'est personne, quelque considérable qu'il soit, qui puisse en être dispensé par le tribunal de santé. Ce tribunal est indépendant du grand-maître, qui, lors de son élection, jurant l'indépendance, ne pourroit se dispenser lui-même ; c'est sur-tout contre l'assertion contraire que se sont soulevés les Commandeurs & les Chevaliers de l'Ordre actuellement à Paris. Si donc il a paru extraordinaire que le muphty de Médine, que le cherif de la Mecque, que les prêtres d'Egypte eussent oublié, les uns leur gravité, pour courir au-devant de notre aventurier, les autres leurs devoirs, pour l'introduire dans des sanctuaires sacrés ou sacrileges, l'assertion de la dispense à Malte est absurde. Le cri n'a pas été moins universel sur le logement dans le palais de de dom Pinto. L'événement eût fait sensation dans une île peu étendue, où tout le monde se connoît, & où personne n'a vu ni le vieil Althotas, ni le jeune Acharat, ni beaucoup moins encore la métamorphose d'un vieillard de quatre-vingt ans, dépouillé tout-à-coup de l'habit asiatique, tout-à-coup revêtu de l'habit ecclésiastique, & tout-à-coup décoré de la croix, qui exige des preuves d'une naissance légitime, des preuves de noblesse & de religion.

Que penser, après cela, des soupçons qu'il veut répandre sur dom Pinto, grand-maître ; savoir, qu'il étoit instruit de son origine, puisqu'il lui parla plusieurs fois du cherif de la Mecque, ainsi que de Trebisonde ? Pourquoi lier à de grotesques aventures des noms dignes de respect, si ce n'est que l'imposture ne sait rien respecter ?

Au reste, il peut être vrai qu'il ait existé un chevalier d'Aquino, d'une grande & très-grande maison, celle des princes de Caramanico ; mais personne ne se souvient d'avoir vu le chevalier d'Aquino faire à l'étranger les honneurs de l'île, le produire auprès de tous les grands-croix de l'Ordre ; & ce qui est très-faux, c'est que Acharat ou Cagliostro ait eu l'honneur de manger à Malte chez M. le bailly de Rohan, aujourd'hui grand-maître, lequel, de notoriété publique, étoit dès 1763 en Bretagne, où il est resté jusqu'en 1769, époque à laquelle ces nouveaux venus ont quitté Malte.

Quoi donc de plus ridiculement fabuleux que la conduite de dom Pinto envers son hôte, assuré par lui d'un avancement rapide, s'il se déterminoit à faire des vœux ? Et par quel motif l'hôte refuse-t-il des offres si généreuses ? Par l'ascendant irrésistible qui le portoit vers la médecine, qu'il n'a étudiée, ni exercée nulle part.

Perd-il à Malte le vénérable Althotas ? Ce maître vénérable, avant d'expirer, lui serre la main : « Mon fils, dit-il » d'une voix presque éteinte, ayez toujours devant les yeux » la crainte de l'Eternel, & l'amour de votre prochain ;

» vous apprendrez bientôt la vérité de tout ce que je vous » ai enſeigné ». Vérité au contraire qui reſtera cachée, car le dépoſitaire du ſecret n'eſt plus, les trois domeſtiques qui pouvoient en avoir été les confidens, qui conſervoient peut-être les ſignes, les *anneaux*, les titres auxquels les reconnoiſſances tragiques ſont attachées, ces trois confidens ne ſortent pas avec lui de Malte, d'où il n'emporte que les regrets du grand-maître; ils ne reparoîtront plus dans le cours de nouveaux voyages; *& qu'attendent-ils depuis* 18 ou 20 ans de diſparition?

Quel moment plus favorable que la détention de leur heros? Qu'ils viennent reconnoître & nous faire connoître à nous-mêmes *l'enfant de la nature*, qu'on veut inſinuer être fils ou du Muphti, ou du Chérif, ou au moins l'enfant de leur fille, priſonnière à Malte, & renvoyée enceinte à l'un ou à l'autre de ſes peres: c'eſt dans l'enceinte du château royal de la Baſtille que devroit éclater le coup de théâtre trop long-tems attendu: coupable abus des faits dont on eſt comptable envers la Juſtice & ſon tribunal!

Mais, au ſortir de Malte, le chevalier d'Aquino ſe charge de l'accompagner & de pourvoir à tous ſes beſoins; tréſorier, ſans doute, des mines de Médine, de la Mecque, de Malte même, puiſqu'il faut que quelqu'un le devienne à la place d'Althotas; & l'illuſtre maiſon de Caramanico, ſes illuſtres deſcendans, dont l'un remplit à notre cour l'emploi miniſtériel de la ſienne, ſont en droit de démentir cette qualité de tréſorier ſi mal adroitement donnée à leur parent.

Cependant le Comte viſite la Sicile avec le chevalier qui lui procure la connoiſſance de la nobleſſe du pays. De-là ils parcourent les îles de l'Archipel, & après avoir repris la Méditerranée ils abordent à Naples, patrie du conducteur, qui allant voyager ailleurs, donne des lettres de *crédit* pour le sieur Bellonne, banquier à Rome; autre station du voyageur, résolu de garder à Rome *l'incognito* le plus parfait, même comme chimiste, même comme docteur, & ses hautes destinées le trahissent.

Si le cardinal Orsini ne va pas en personne au devant de lui, il y députe son secrétaire; si ce voyageur errant ne dit pas s'être assis à la table de son Eminence, il dit y avoir été invité. Les cardinaux, les princes romains, deux pontifes, celui qui occupoit alors la chaire de saint Pierre, celui qui lui a succédé, tous accordent des audiences : ces accueils, ces audiences sont deniés, & l'on ne voit pas même à quel titre il auroit été ainsi recherché.

Dans les romans il faut une héroïne; c'est à Rome, dans la capitale du monde chrétien qu'elle se trouve; c'est là, en 1770, qu'étant dans sa vingt-deuxieme année, le hasard lui procure la connoissance d'une demoiselle de *qualité*, nommée *Seraphina Felichiani*, dont les charmes naissans au sortir de l'enfance, allumerent dans son cœur une passion que seize années de *mariage* n'ont fait que fortifier; héroïne que nous n'oserions presque contredire, parce qu'on a voulu attirer sur elle la pitié & la commisération, comme étant totalement étrangere à l'affaire du collier: héroïne, qui détenue, dit-on, par l'abus de l'autorité, n'a pas été décretée par la Justice; prodige de vertu, d'innocence; & comment aussi la seule allégation a-t-elle excité les sentimens qui ne sont dus qu'à l'innocence & aux vertus reconnues? Nous nous plaignons sincérement de la violence que l'on nous fait, en nous forçant de nous expliquer.

Fille

Fille de qualité : il n'en eſt pas à Rome du nom de Feli-chiani. La lettre dont nous avons déjà parlé, différente de l'imprimé de Strasbourg, la dit fille du *Secrétaire* d'un *Commis* de la daterie, à Rome, emploi qui ſeroit dédaigné par les nobles.

Rappellons auſſi que ſuivant ſon imprimé, le ſieur Sachy avoit traité à Valence, d'une maladie grave, dom Thiſcio, ainſi que la dame qu'*il avoit avec lui :* rappellons encore qu'il menace d'apprendre au public *comment elle a paſſé entre les mains de Thiſcio.* Eſt-ce ainſi qu'il auroit parlé, qu'il auroit écrit d'une légitime épouſe?

Auſſi, en citant l'année du mariage, l'année 1770, ne cite-t-on ni le mois, ni le jour, ni la paroiſſe de Rome où il a été célébré. Si le ſieur Caglioſtro a la témérité de dire qu'il prouvera la célébration lorſqu'il ſera libre, & qu'on lui aura rendu les papiers enlevés chez lui, c'eſt une promeſſe qui ne peut être de bonne foi. Pourquoi n'a-t-il pas fait venir de Rome une expédition authentique depuis qu'il a des conſeils? Ils lui en auront fait certainement la queſtion : qu'a-t-il répondu? Pourquoi, malgré ſes réponſes, ſon audace a-t-elle été juſqu'à préſenter au Tribunal une requête pour mettre la priſonniere ſous ſa ſauve-garde, pour demander au roi la révocation de ſes ordres, & la permiſſion pour elle de venir le viſiter dans ſa tour? Requête dont quelques ames ſenſibles ont été la dupe, & dont le Tribunal auroit pu l'être, parce que le Tribunal doit effectivement auprès d'un monarque juſte, les offices d'une protection généreuſe pour ſes ſujets, mais non pas pour une étrangere, dont l'état civil eſt un problême, & que l'inſtruction pourra montrer complice de la ſpoliation du collier.

Quittons cette femme pour reprendre cet homme, qui ſignale

ſon entrée dans les états de l'Europe, en invoquant des témoignages. « Qu'on diſe ſi j'ai commis une ſeule action indigne » d'un homme d'honneur, ſi j'ai jamais ſollicité une ſeule grace, » ſi jamais j'ai mandié la protection des ſouverains, curieux » de me connoître ; ſi en tout tems, en tout lieu, j'ai fait » autre choſe que guérir gratuitement les malades, & ſoulager » les pauvres ». Citer ces lignes, c'eſt en commencer la réfutation ; il faut la continuer.

En Eſpagne, quatre ou cinq grands noms ; mais ſi l'information à laquelle il nous renvoie hors du royaume, pouvoit avoir lieu, nous nous en rapporterions volontiers aux perſonnes indiquées. Il faudroit comprendre dans l'information, les villes d'Eſpagne qu'il ne nomme pas ; ſavoir, Valence, où, ſous le nom de Thiſcio, lui, la femme qu'il avoit avec lui, & ſon frere, avoient été traités par le ſieur Sachy ; Alicante, théâtre d'une humiliante cataſtrophe ; Malaga & Cadix, où il avoit reparu ſous le nom du marquis de Pellegriny.

En Portugal : on peut ſouhaiter auſſi l'information, quoiqu'il ne parle que de deux perſonnes ; celle qu'il dit l'avoir préſenté à la cour, & ſon banquier, *Anſelmo la Cruce*.

A Londres, qu'eſt-ce qu'il y a connu ? *La nobleſſe & le peuple* ; parole énergique & vraie ; c'eſt-à-dire, qu'il y a été connu du peuple & de la nobleſſe, parce qu'il y fut d'abord danſeur à l'Opéra, ſous le nom *de Belmonte*, & qu'il a fini par être mis dans la priſon du Banc du roi.

En Hollande, une ſeule perſonne, M. le duc de Brunſwick, à qui il auroit eu l'honneur d'être préſenté.

En Courlande, le duc & la ducheſſe régnante ; ils ſe rappelleront auſſi qu'il y eſſuya une cataſtrophe non moins affligeante que celle d'Alicante.

Toutes les cours d'Allemagne : citation qui n'eſt que vague.

Pétersbourg, dont un trait ſuffit ſur la maniere dont il a été connu ; c'eſt qu'ayant voulu y prendre la qualité de colonel au ſervice d'Eſpagne, M. Normanès, ambaſſadeur d'Eſpagne en cette cour, fit mettre dans les papiers Ruſſes, *que cela étoit faux ;* nous citons le fait, les papiers & la perſonne.

En Pologne, la comteſſe Comceska, le comte Gevuski, la princeſſe, aujourd'hui princeſſe de Naſſau.

Dans cette légende, on doit être ſurpris de ne trouver ni la Suede, ni le Danemarck, ni la Pruſſe ſur-tout, où les talens aſſis ſur le trône, vont chercher tous les talens dignes d'en approcher : & ce qui doit frapper encore dans cette longue nomenclature, c'eſt qu'il n'articule pas une ſeule cure faite dans les uns ou les autres de ces grands états de l'Europe, de même qu'il n'en a articulé aucune pour Rome, la Sicile & Naples, lieu de ſa naiſſance, & patrie du chevalier d'Aquino.

Au reſte, c'eſt dans ces courſes rapides, qu'il lui eſt arrivé de voyager ſous les différens noms de comte Harat, comte Fénix, marquis d'Anna, & plus généralement comte de Caglioſtro. Pourquoi cette reproduction d'un ſeul homme en pluſieurs, tandis qu'il auroit été intéreſſé à porter dans un pays la réputation du nom, acquiſe dans un autre ? C'eſt que, ſuivant lui, il vouloit n'être pas connu ; diſons plutôt qu'il ne vouloit pas être reconnu, parce que proſcrit *ici* ſous un nom, un autre lui devenoit néceſſaire pour reparoître *là ;* c'eſt que *là* proſcrit encore, le prothée ſe reproduiſoit juſqu'à ce que trahi par ſon front & par ſon œil, il fût forcé d'aller chercher fortune ailleurs.

C'eſt en France qu'il vient la chercher. Voyons maintenant les rôles qu'il va jouer dans quatre grandes villes, Strasbourg, Bordeaux, Lyon & Paris. Ici le ridicule, ici les impostures transpirent de toutes parts.

A Strasbourg, 19 Septembre 1780.

En arrivant, il va loger modestement, chez qui? Chez un marchand de tabac, nommé Quere, c'est ce qu'il a oublié de nous dire. Peu de jours après son arrivée, il prétend que reconnu par le comte Gevuski, qu'il avoit vu en Pologne, il fut *forcé* de céder aux instances générales de la ville & de toute la noblesse d'Alsace, pour consacrer ses talens en *médecine*, au service du public. Des talens! Il ne les avoit encore exercés nulle part. Nous avons lu partout des noms, mais il ne dit pas avoir traité ni guéri aucune des personnes citées dans les autres Etats.

Quelle sera donc sa réputation à Strasbourg? Il en puise les faits & les preuves dans un ouvrage moderne, *les Lettres sur la Suisse*, dont il rapporte avec complaisance trois pages, qui jettent en effet sur son mémoire un éclat propre à faire illusion.

« C'est, dit l'auteur des Lettres, l'homme singulier, étonnant, admirable par sa conduite & par ses vastes connoissances. Personne ne sait ce qu'il est, d'où il est, où il va. (Seroit-ce là un éloge?) Aimé, respecté des commandans de la place & des principaux de la ville, adoré des pauvres & du petit peuple; haï, persécuté, calomnié par certaines gens; ne recevant ni argent, ni présens; passant sa vie à voir des malades, sur-tout des pauvres; les aidant de remedes qu'il distribue gratis, & de sa bourse, pour avoir du bouillon . . . . Cet homme incroyable tient un état d'autant plus étonnant, qu'il paie d'avance, & l'on ne sait d'où il tire ses revenus, ni qui lui fournit de l'argent . . . . . Per-

» ſonne n'a plus d'eſprit & de connoiſſances que lui ; il ſait » *preſque* toutes les langues de l'Europe & de l'Aſie. Je ne dis » rien de ſes cures merveilleuſes ; mais de plus de quinze mille » malades qu'il a traités, ſes ennemis les plus forcenés ne lui » reprochent que trois morts ».

L'auteur décrit enſuite avec le même enthouſiaſme une audience où il a été témoin des traitemens de tous les genres, des panſemens les plus dégoûtans; & l'Eſculape, ajoute-t-on, partage ſa bourſe avec les malades & les pauvres, proſternés à ſes pieds, l'appellant leur ſauveur, leur pere, leur dieu.

Qui le croiroit, cet éloge ſi pompeux eſt dû à un homme d'un eſprit cultivé, d'une ſociété polie; mais comme auteur, qu'eſt-il ? Des critiques lui avoient reproché d'avoir débuté dans ſes Lettres par une diſſertation de ſoixante pages ſur le clocher de Strasbourg, ſur la pierre philoſophale, ſur les pyramides d'Egypte, & ſur ces génies aériens connus ſous le nom de *Roſecroix*. Il leur a répondu récemment (Journal de Paris, nº. 39, 8 février de la préſente année 1786), & voici ce qu'il penſe lui-même de ſon livre.

« Je le croyois auſſi oublié des autres que de moi. Quant à » ma perſonne, ces Meſſieurs, c'eſt-à-dire, mes critiques, auront beau faire, je n'en aimerai pas moins *la pierre philoſophale*, ſur-tout ſi je la trouve; les *Roſecroix*, ſur-tout ſi » je parviens à me rendre inviſible comme eux; les pyramides » d'Egypte ; ſur-tout ſi je puis déterrer les immenſes richeſſes » qu'on m'a confié qu'elles renfermoient ».

Ainſi, le panégyriſte dont les lignes ont réellement fourni le projet du mémoire, eſt un de ces illuminés, amoureux fou des antiques pyramides d'Egypte, ou au moins de leurs tréſors; amoureux fou des inviſibles Roſecroix; plus fou encore de cette pierre philosophale, dont la recherche a englouti tant de trésors réels & peut-être les siens. C'est néanmoins de ce morceau des lettres, oubliées par l'auteur même, que le héros de quelques-unes abuse, en réclamant par une énumération de rhéteur le suffrage des curés de Strasbourg, sur le bien qu'il a fait à leurs pauvres; du corps d'Artillerie & des régimens, sur le nombre des soldats qu'il a guéris; de l'apothicaire, sur la quantité de médicamens qu'il payoit comptant chaque jour; des aubergistes, sur le concours d'étrangers attirés dans leurs hôtels garnis, & des geoliers, sur le nombre des prisonniers délivrés.

Opposons-lui au contraire, non plus l'imprimé du sieur Sachy, qui lui conteste la connoissance des maladies, des médicamens, ainsi que les premieres notions de l'anatomie; non pas d'autres écrits publics qui lui reprochent l'uniformité méchanique de l'application à des causes différentes; non pas même le soulevement des colleges & des académies, éternel fléau des Charlatans; mais opposons ce journal si honorable pour notre siecle, & consacré à l'histoire des maladies & des cures extraordinaires dans toute l'Europe. On peut voir dans les numéros 7, 13 & 19, de 1781, un événement qui dispense d'en rappeller d'autres; c'est la plaie si nouvelle & si inconnue du marquis de Cambis, lieutenant-général des armées du roi. Les cruels effets en étoient suspendus depuis vingt-quatre ans, par les prodiges de l'art, lorsque le 19 avril 1781, le marquis de Cambis se livra à l'Empirique. Ses traitemens *internes* & *externes*, sa bisarre pharmacie sont détaillés jour par jour dans le procès-verbal rédigé par six médecins & chirurgiens de l'hôpital militaire de Strasbourg, & le verbal d'une mort survenue au bout de trois semaines, atteste un assassinat opéré par la brutalité des remedes.

A l'égard de cet autre genre de charlatanerie, qui consiste

à préférer les pauvres, à les traiter, à les nourrir, à leur donner des fecours pécuniaires, il n'a pas l'honneur de l'invention. On en retrouve les traits principaux dans les annales de l'empyrifme, & notamment l'hiftoire d'un chevalier d'induftrie, le chevalier Borry.

Dans le texte de Bayle, qui en rapporte les faits, Borry, fameux chymifte, charlatan & hérétique du dix-feptieme fiecle, étoit milanois. Au milieu de fes folies, il fe difoit affifté d'une maniere particuliere par *Michel l'Archange*, également invoqué dans les fcenes fcandaleufes jouées par Caglioftro fon imitateur. Obligé de fortir de Milan en 1659, Borry s'arrêta quelque temps dans la ville de Strasbourg, & il y avoit trouvé de l'appui en qualité de grand chymifte... Il chercha un plus grand théâtre à Amfterdam; on alloit à lui comme au médecin *univerfel* de toutes fortes de maladies; il y parut en magnifique équipage, il fe faifoit traiter d'Excellence. La chance tourna, une belle nuit il fit banqueroute, & fe fauva à Amfterdam avec plufieurs *pierreries*, & plufieurs fommes d'argent qu'il avoit efcamotées.

Dans des notes que Bayle a tirées de Sorbieres: « des » gens de *qualité* fe font fait porter en litiere en Hollande, » & d'autres *gens d'efprit* y ont été tout exprès pour vifiter » un fi grand homme. Une maifon achetée 15000 écus dans » un bel endroit, cinq ou fix eftafiers vêtus en habit à la » françoife, *le refus de quelque argent*, offert par les perfon- » nes qu'il avoit traitées, cinq ou fix richedalers diftribués » *en temps & lieu*, *diftribués à de pauvres gens*, quelque in- » folence de difcours & tels autres artifices, ont fait dire à » des perfonnes crédules, qu'il donnoit des poignées de » *diamans*, qu'il faifoit le grand œuvre, & qu'il avoit la

» médecine *universelle*. La fin de tout cela, est que Borry » est un fin matois. Comme il ne manque pas d'esprit, avec » un peu d'étude il a sçu gagner celui de quelques *princes*, » qui ont fourni à l'appointement, sur l'espérance qu'il leur » a donnée de leur communiquer la pierre philosophale, » qu'il étoit sur le point de trouver... Il a peut-être quel- » ques remedes purgatifs ou stomachiques qui, d'ordinaire, » sont *fort généraux*. Il a été à Inspruk, où le feu archiduc » devint la premiere de ses dupes; delà en Hollande, où il » trouva des bourses ouvertes pour de grandes avances sur » le lucre qu'il faisoit espérer... Au commencement il a » acquis du crédit auprès de la *bourgeoisie*; il s'y est main- » tenu quelque temps par l'appui d'un vieux bourguemestre » qu'il a ressossillé avec ses eaux cordiales, jusqu'à ce que » chacun a reconnu la friponnerie du chevalier ».

Aussi celle du Comte le fut bientôt à Strasbourg, où le bien qu'il faisoit, lui valut, de son aveu, différens libelles qui lui firent prendre la résolution de partir; mais des lettres que trois Ministres du Roi écrivirent à son sujet le firent changer de résolution. Il a l'indiscrétion de les copier toutes trois: l'une, de ce Ministre dont le coup-d'œil vaste embrasse l'état politique, non-seulement de l'Europe, mais du monde entier; l'autre, du Chef de la Magistrature; la troisieme, de notre Ministre de la guerre, toutes trois pour procurer à l'illustre étranger, *tranquillité*, *sûreté*, *hospitalité*; mais toutes trois accordées à l'importunité, de qui? Les dépôts de chaque département doivent prouver que c'étoit un seul & même protecteur, M. le cardinal de Rohan, livré aux enchantemens d'un protégé qui, depuis long-temps lui vendoit au poids de l'or l'espoir d'une longue vie, l'espoir de trésors immenses,

ses, & l'espoir, ce seroit peu de dire d'entrer dans le ministere, il faut ajouter l'espoir d'un ministere qui mettroit à ses pieds des rivaux & des ennemis.

Cependant la *tranquillité, la sûreté, l'hospitalité* ordonnées par des lettres écrites au nom du roi, ne furent que passageres. L'étranger se décide à quitter la capitale de l'Alsace, sans savoir où il portera ses pas, lorsqu'une lettre reçue de Naples lui annonce que son ami, plus d'une fois perdu, retrouvé, & perdu encore, que le chevalier d'Aquino étoit dangereusement malade. Il n'y vole pas avec l'agilité d'un *Roze-Croix*, car il n'arrive que pour recevoir ses derniers soupirs; dernier fait dont la fausseté est attestée par des officiers qui ont assisté aux funérailles du chevalier à Malte même, & non pas à Naples.

Quittons, quittons donc Strasbourg pour aller à Bordeaux, où il trouve à son arrivée les mêmes acueils de la part des militaires qui le reconnoissent, des jurats & du public, qui le sollicitent. « Il recommence à donner des audiences, à » distribuer aux pauvres des remedes & d'autres secours, » avec un concours si grand, que les jurats lui accordent une » garde pour entretenir l'ordre dans sa maison. Là, de grands » noms encore, ceux de personnes qui attesteront, *s'il le faut*, » la maniere désintéressée dont il s'est conduit ». Attestations qu'il n'a pas, & qu'il n'aura jamais. Une information juridique pourroit fournir des preuves toutes contraires; c'est, qu'il avoit à Bordeaux un apothicaire qui vendoit 25 liv. des drogues dans lesquelles il n'entroit que 12 ou 15 s. de déboursés. Il comptoit à la fin de chaque semaine avec cet apothicaire, qui a même été menacé par son Corps d'être rayé, s'il continuoit une pareille association. Aussi, de son aveu, le genre de persécutions qui l'avoit éloigné de Strasbourg le pourſuivit à Bordeaux, d'où il ſe retire après onze mois ſeulement de ſéjour, pour aller à Lyon. Il y arrive, mais il ne peut y reſter que trois mois, & il part pour Paris.

Arrêtons, & avant de continuer à Paris, que l'attention repoſe un moment ſur le contraſte de ſes deſtinées. Ses beaux jours ont été à Médine, à la Mecque, dans l'Egypte, en Aſie, dans l'Afrique, régions éloignées de nous; c'eſt-là que par-tout s'ouvrent devant lui les palais & les temples. Son étoile radieuſe l'accompagne à Malte, à Rome & dans la plupart des états de l'Europe, où il obtient des diſpenſes & l'honneur d'être préſenté dans les Cours; mais en France, chez cette nation éclairée, équitable, ſenſible & bienfaiſante; en France, objet du vœu des autres nations & de leurs ſouverains; en France, où la Cour offre des princes, des princeſſes, des grands ſeigneurs inſtruits, & tant d'hommes raiſonnables dans tous les Ordres de l'état; en France, où un Roi glorieuſement régnant a fait donner par trois de ſes miniſtres des ordres pour la *tranquillité*, *la ſûreté*, *l'hoſpitalité*; en France, en un mot, où il croit trouver une patrie d'adoption; oui, dans le centre de cette patrie adoptive, mais devenue injuſte, barbare, coupable de la violation du droit des gens & des droits de l'humanité, voilà déjà trois grandes villes où il eſt haï, perſécuté, calomnié, malgré le bien qu'il a fait, & le bien qu'il a voulu faire, malgré ſes talens, ſon déſintéreſſement & ſes profuſions charitables. Paris le vengera-t-il donc des attentats de Lyon, de Bordeaux, de Strasbourg, d'autant plus qu'en entrant à Paris il déclare ne vouloir plus s'occuper d'un art trop jalouſé?

Il n'a pas tenu parole, car parmi le petit nombre de perſonnes qui malheureuſement ont eu recours à lui, on nomme une dame de Romagné, qu'il a vue plus d'une fois au mois d'avril

1785, après avoir exigé d'elle qu'elle ne verroit plus les médecins de la Faculté, parce qu'à l'exemple de ſes confreres, empyriques & charlatans, il a en horreur les ſociétés de doctrine: Ainſi après avoir écarté de la dame de Romagné les gens de l'art, il s'empare d'elle, il lui apporte lui-même les médicamens, les alimens, les vins de Conſtance, & il la précipite dans le tombeau par le deſſéchement d'une poitrine & d'un goſier brûlés par ſes elixirs. A-t-il oublié qu'une perſonne connue, que nous ne nommerons pas, quoique nous la regardions comme l'un des témoins de M. le cardinal ſur d'autres faits, lui ayant fait part des bruits publics ſur la dame de Romagné, il convint qu'il s'en étoit chargé, il convint qu'elle étoit morte, mais morte d'un rhume ſurvenu à Verſailles dans une ſortie imprudente; tandis qu'elle n'avoit pas quitté ſon lit douloureux: & il en a été ainſi de la dame de Cramayel, morte auſſi entre ſes mains avec les mêmes accès d'une rage inflammatoire.

Quelles vont être à Paris ſes autres occupations? Un luxe oriental dans ſon hôtel rue Saint-Claude, des tables ſervies avec la profuſion d'un Sybarite, des bals, des aſſemblées, des audiences, où on l'a vu donner inſolemment ſa main à baiſer à des femmes importantes, la préſenter avec la même inſolence à des hommes & à M. le Cardinal lui-même. Nous voilà à ce progrès d'enchantement commencé à Strasbourg en l'année 1780, continué à Paris dans les hôtels de l'un & de l'autre, juſqu'au moment où il doit ſe livrer à l'eſcroquerie du collier.

Nos lecteurs attendent-ils que nous reprenions avec lui l'hiſtoire des négociations entamées & ſuivies par M. le Cardinal ſeul avec les joailliers, l'hiſtoire du traité prétendu ſigné par notre auguste Souveraine, écrit par M. le Cardinal seul, qui en est toujours resté seul dépositaire; l'histoire du dépécement fait en tant de manieres différentes par des mains criminelles; les scènes sacrileges du magicien, pour subjuguer le prélat; l'histoire des chartes privées établies dans son palais pour la comtesse de la Motte & pour son mari, & les conseils perfides donnés à tous deux de fuir dans ses Etats au-delà du rhin? L'intérêt, un grand intérêt s'accroît sans doute; mais tout est tronqué dans les pages où le fourbe parle de ces objets & tout doit être rétabli dans l'ouvrage important que nous avons annoncé. Le rétablissement dépend des confrontations qui se font entre les témoins & les accusés, entre les accusés eux-mêmes; & tout nous est actuellement inconnu, puisque nos communications avec la comtesse de la Motte sont suspendues. L'adversaire n'a pas imité le silence prudent de M. de Rohan, parce que l'adversaire vouloit ne parler qu'au hasard. Nous respectons trop l'opinion publique pour nous répandre en paroles vaines & pour nous exposer à des redites dans la discussion d'un fonds si intéressant. Que l'impatience du lecteur se soumette, ainsi que la nôtre, à des retards devenus nécessaires; & contentons-nous d'annoncer le plan, comme une réponse seulement préliminaire.

En premier lieu, nous aurons à fixer l'époque précise de son arrivée à Paris, & qui n'est pas, comme il ose le dire, le 30 janvier 1785. Dès le mois de novembre 1784, M. de Rohan, à son retour de Saverne, dit à la comtesse de la Motte qu'il venoit de recevoir des nouvelles du *grand homme* qu'elle avoit vu une fois à Strasbourg à la fin de 1780, & qui arrivoit... Prince, je croyois [illegible] vous m'aviez dit que l'entrée de Paris lui étoit interdite.... Oui, mais ayant guéri dans un premier

& court voyage M. le maréchal de Soubise, abandonné par la Faculté, M. le maréchal obtient du roi une permission pour résider, sans exercer ses talens. En effet, dès les premiers jours de janvier 1785, M. de Rohan dit en secret à la comtesse de la Motte, il est ici, ce fameux Comte, & il se cache sous un autre nom chez quelqu'un de ma connoissance. Dans le même temps aussi, ce Comte si fameux fut rencontré par une autre personne, à qui il dit tout bas qu'il étoit ici pour une affaire secrette qui alloit finir incessamment.

Ce ne sont pas, de la part de la comtesse de la Motte, des allégations vagues, telles que celles de l'écrit que nous combattons. Indépendamment des preuves qui pourront résulter de la procédure; la police, cette partie de notre administration si supérieurement surveillée, pourroit en fournir d'autres, & dans ce cas sa présence à Paris dès la fin de décembre 1784, ou dès les premiers jours de janvier 1785, rendroit déjà possible son influence sur les négociations qui ne sont que de la fin du même mois de janvier 1785.

En second lieu, cette influence possible par l'époque de son arrivée, sera prouvée par le fait dans les branches différentes de la même procédure, dépositions des témoins, interrogatoires des accusés, confrontations, & des témoins, & des accusés entre eux.

En troisieme lieu, le dépécement antérieur, la remise de différentes parties de diamans, soit à la dame de la Motte, soit à une autre femme, soit à la dame Cagliostro, la partie sur-tout dont celle-ci a été vue surchargée, ceux aussi de son mari, sont autant de faits, susceptibles de la preuve testimoniale, de la preuve littérale, de la révélation par la voie des monitoires; tout rentrera dans notre discussion fondamentale.

En quatrieme lieu, nous y ferons entrer les aveux, les désaveux, les réticences affectées sur toutes les scenes jouées en présence de M. de Rohan. Là rentrera encore le faux prétexte des jeux de société, des jeux du magnétisme animal, prétextes perfidement substitués à des opérations de sorcellerie & de divination sur l'état actuel de la Reine, & sur l'événement heureux qui devoit en résulter en faveur de la nation; & dans cette discussion le dépécement prouvé suffiroit seul pour anéantir toute cette fable de la crédulité de M. le Cardinal sur un écrit signé par la Reine, & sur la remise en ses mains du bijoux précieux.

Il suffit, disons-nous, d'annoncer l'ordre & la nature de ces détails. Il est temps d'abandonner la premiere partie du roman, l'histoire romanesque d'un Être tout fictif, l'histoire de trente-huit années d'un scandale donné à l'Europe; renouvellé sous les yeux de la nation, sous ceux du tribunal, dans la partie du mémoire dont l'intitulé seul est une profanation, *la confession du comte de Cagliostro.*

SECONDE PARTIE.

Son Interrogatoire.

Nous ne croirons jamais, comme le dit une autre note, que cet interrogatoire soit transcrit sans aucune omission *essentielle*, nous pensons au contraire que ce n'est qu'un extrait. Nous le croyons, à cause des transitions brusques, des lacunes & des transpositions évidentes, & nous espérons être mieux instruits par la confrontation dont la comtesse de la Motte pourra être en état de nous rendre compte. N'importe, c'est cet extrait que nous avons à difcuter fur les mêmes ou fur d'autres impoftures multipliées & prononcées fous la religion d'un ferment qui eft prefcrit aux accufés par les loix divines & humaines; ferment qui eft le caractere diftinctif de cette feconde Partie d'avec la premiere.

Qui le croiroit? Il n'eft qu'une feule de ces impoftures qu'on ait abandonnée : ce font ces nombreufes années, cette *longévité* qui remonteroit à plufieurs fiecles. Il convient donc n'avoir que trente-fept ou trente-huit ans, & non pas deux cents ou trois cents ans, ni encore moins d'avoir affifté aux noces de Cana, l'une des folies que les papiers de l'Europe lui ont tant reprochée, & qu'il n'étoit pas poffible de foutenir.

Mais, fon nom, fur lequel on l'interroge ! La réponfe fupposeroit l'onction fainte d'un baptême, *Alexandre Cagliostro.* Eft-ce Althotas qui l'a nommé *Alexandre ?* A l'égard de Cagliostro, la premiere fyllabe, *Cagli*, eft le nom d'une petite ville d'Italie, au duché d'Urbin ; c'eft auffi la premiere fyllabe d'une autre ville plus confidérable, *Cagliari*, ce qui nous éloigne de Médine, & ce qui nous rapproche de la patrie d'Alexandre Thifcio, la ville de Naples, dans l'Italie même.

Pour fa naiffance, il ne peut affurer s'il eft né à Malte ou à Médine, & il le répete après s'être fermenté. Seroit-il impoffible auffi de vérifier par voie d'information, à Naples, dans une des paroiffes de fes fauxbourgs, le véritable nom, ainfi que l'état de *cocher* du pere; d'y vérifier fi le fils, apprentif perruquier, n'y a pas paffé fes premieres années? Et que deviendroit alors la longue hiftoire de Médine, de la Mecque, &c.?

Interrogé & fermenté, il perfifte à foutenir qu'il n'eft arrivé de Lyon à Paris que le 30 Janvier 1785, & qu'il a été loger dans un hôtel garni du Palais Royal. Les regiſtres de la police pourroient lui donner le démenti le plus formel, en le confrontant avec ſon hôte; auſſi ſe garde-t-il de donner le nom de l'hôtel garni.

Mais lors de ſon arrivée, avoit-il l'argent néceſſaire pour monter ſa maiſon rue Saint-Claude? C'eſt la queſtion qu'on lui fait. Eſt-ce donc lui, ou le prince, qui l'ont louée? « *Aſſurément*, il avoit apporté avec lui tout l'argent néceſſaire. Il pria M. de Carbonnieres, qui eſt le chef du » Conſeil de M. le cardinal, de paſſer l'acte, *n'en ayant jamais paſſé lui-même dans aucune partie du monde*, (pas » même ſon acte de mariage). Et c'eſt le ſieur de Carbonnieres, chef du conſeil, qui a fait les marchés pour la maiſon, le tapiſſier, les voitures: de tems en tems il fourniſſoit l'argent, dont le chef du conſeil lui fourniſſoit les » reçus ». Ces reçus, ces quittances ſont des actes, quoiqu'il diſe n'en avoir paſſé dans aucune partie du monde; quittances de rembourſement qu'il ne produit pas, & dont la production ſubite nous étonneroit plus encore que ſon ſilence actuel.

A l'en croire, c'eſt lui, lui-même qui a pourvu à ſon propre entretien. Si un prince venoit manger rue Saint-Claude, c'étoit aux dépens d'un Comte, excepté un ou deux *plats* apportés de chez le prince, lorſqu'il amenoit dîner ſes amis ou ſes protégés; mais le Comte n'en rembourſoit pas moins à ſon cuiſinier la dépenſe de chaque jour. Dans les commencemens, le prince venoit rarement dîner; depuis il y venoit trois ou quatre fois la ſemaine. Quelle familiarité! Au reſte, il y avoit été accoutumé dans ſes voyages en Europe, chez les papes,

pes, les Eminences, les grands-maîtres, morts, vivans, ou alors absens. Ne croira-t-on pas plutôt que M. le cardinal de Rohan défrayoit la maison entiere ?

Viennent des questions sur les scenes jouées avec la demoiselle de la Tour. Il n'en avoit été avoué qu'une dans le corps du mémoire, & il n'y en a qu'une seule avouée dans l'interrogatoire, quoiqu'il y en ait eu deux à des époques différentes. Il nie seulement le crucifix mis sur le col de la demoiselle, & il nie aussi qu'il l'ait fait mettre à genoux. Il avoue de même les rubans dont il l'avoit parée, & ceux qui avoient été ajoutés par M. de Rohan. A l'égard du tablier à franges d'argent, qu'est-ce qu'il en dira ? Il *croit* avoir trouvé *par hasard*, dans ses poches, un tablier de maçonnerie ordinaire ; *il n'est pas sûr* que ce tablier ait servi : *oui ou non, ce que dira le prince, deviendra véritable pour moi.* S'il doit au prince cette confiance, le prince la lui doit-il ?

» Avez-vous mis ensuite votre épée sur la demoiselle » de la Tour ? *Je ne sais* autre chose, sinon qu'ayant mon » épée au côté, je me suis désarmé ». Il ne dit que cela, parce qu'il veut substituer à une profanation un spectacle de plaisanterie.

Mais les sermens ? « *Ils sont faux* ; il a déjà dit à M. le » Rapporteur la raison pour laquelle il a fait tout ce qu'il avoit » fait dans cette occasion, *un jeu de société* » : On verra cependant, dans le procès-verbal de confrontation, que cette jeune personne lui a tout soutenu, & sur-tout que c'étoit, non pas la dame de la Motte qui avoit dicté ce qu'elle avoit à répondre, mais lui-même derriere le paravent.

Après l'opération avec la niece, il est interrogé sur celle qui avoit eu lieu avec la tante, poignard, croix de Saint-André, épée, crucifix, croix de Jérusalem, *agnus dei*, trente bougies allumées, serment exigé qu'elle ne diroit rien de ce qui alloit se passer. Bien plus, n'avez-vous pas dit au Prince, *eh bien, prince, prenez ce que vous savez*; le prince ne tira-il pas de son secrétaire une boîte de bois blanc, ovale, remplie de diamans non montés? N'avez-vous pas ajouté, *faites attention, prince, qu'il y en a une autre que vous savez?* Le prince n'a-t-il pas pris celle-ci? N'a-t-il pas dit à la dame de la Motte, ces diamans vous les donnerez à votre mari; vous lui direz de faire promptement le voyage de Londres pour les vendre & pour les faire monter; & qu'il ne revienne pas qu'il n'ait exécuté tout cela; je vous donne 2000 écus pour son voyage.

Il faut en convenir, si les diamans de ces deux boîtes ont été livrés par M. le cardinal à la comtesse de la Motte, en donnant 6000 liv. pour le voyage de son mari, voilà le dépécement postérieur du collier, qui ne peut donc avoir été remis à la Reine dès le premier février 1785: & quelle sera ici la réponse? Cela est *faux*, *faux*, très-*faux*, & j'ai des preuves du contraire.

Ces preuves » c'est que, premièrement, toutes les fois » que s'est fait le magnétisme, M. de Carbonnieres, chef » du conseil, a préparé la chambre ». Plaisante raison! Parce que le chef du conseil auroit préparé la chambre, il seroit faux que l'opération eût eu lieu! Secondement, c'est qu'*après* la seconde opération, celle faite avec la dame de la Motte, il entra une personne respectable qu'il ne veut pas nommer, mais que le prince Louis nommera à M. le rapporteur. Quoi! parce que cette personne n'entre *qu'après* la cérémonie, & que par conséquent il n'y a pas assisté, ce sera une autre preuve que la cérémonie ne se sera pas faite! Nous saurons toujours par la confrontation de la dame de la Motte, & avec l'opérateur, & avec M. de Rohan, si l'un, si l'autre, si tous deux auront persisté dans cette singuliere explication.

Cependant l'enchantement pratiqué sur les facultés intellectuelles de M. de Rohan, en lui faisant croire que la demoiselle de la Tour prophétisoit sur l'accouchement de la reine, & que la comtesse de la Motte étoit initiée dans de grands mysteres, cet enchantement avoit plus d'un objet, dont l'un étoit de leurrer M. de Rohan de l'espérance de le faire entrer dans le Ministère. « Ne » le lui avez-vous pas promis? *Cela est faux.* Je lui ai toujours » conseillé de quitter Paris & de se retirer à Saverne, parce qu'il » pourroit y faire beaucoup plus de bien, & vivre plus *tran-* » *quillement* ». Conseiller de quitter Paris, la Cour, à qui? A un Rohan, à un cardinal, au grand aumônier de France! Non, l'ambition, l'ambition du Prélat, notoire & ridiculisée, même à la Cour, étoit le ministere, le ministere plein, entier, l'anéantissement de ses rivaux; & l'ambition du prophete étoit d'échanger le trône de Trébisonde avec la place de ministre du premier ministre de France.

Autre réponse à une autre question, « *parbleu celle-ci* » *est trop forte*, & si le prince l'a dit, avec tout le respect » que je lui dois, je dis que c'est une imposture ». Quelle est cette question qui provoque une réponse si brusque, si étudiée; peut-être serons-nous en état de dire bientôt si visiblement concertée? La question est celle-ci: « Est-il vrai que vous » ayez dit ou fait croire au prince que votre femme, amie & » confidente de la reine, entretenoit avec elle une correspon- » dance journaliere ». Alors M. le rapporteur lui montre un billet, « & après qu'il l'a examiné, après avoir dit le reconnoître » pour une écriture contrefaite, je ne sais, dit-il, ce que c'est,

» je n'en connois pas l'écriture ; ma femme & moi n'avons
» jamais eu l'honneur de connoître la Reine ; comment tout
» cela pourroit-il être possible, ma femme ne sachant pas
» écrire, suivant l'éducation donnée aux dames Romaines,
» pour éviter les intrigues d'amour » ?

Que cette femme appellée la comtesse de Cagliostro n'ait pas eu plus de liaison avec la Reine que la comtesse de la Motte, ce n'est pas à dire que le comte & la comtesse de Cagliostro n'aient pas bercé M. le cardinal de Rohan d'une correspondance, ainsi que de tant d'autres chimeres, & les confrontations nous instruiront aussi sur le billet ici représenté.

Nous avançons. « Le prince ne vous a-t-il jamais donné
» de diamans, ni à votre épouse » ?

» Je n'ai jamais *sçu* autre chose que ceci : j'avois à *Stras-*
» *bourg* une pomme de canne très-curieuse, contenant une
» montre à répétition entourée de diamans ; j'en ai fait cadeau
» au prince ; il voulut m'offrir quelques bijoux en échange,
» je les refusai, ayant toujours eu plus de plaisir à donner qu'à
» recevoir. *Il est vrai* que toutes les fois qu'arrivoit la fête de
» ma femme, le prince lui faisoit quelques présens ; mais *je*
» *crois* que le tout a consisté dans un Saint-Esprit, un entou-
» rage de mon portrait qui étoit en perles, que le prince fit
» remplacer par de *petits* diamans, & dans une *petite* montre
» avec sa chaîne en *petits* diamans, dont il y en avoit cinq
» plus gros que les autres ».

C'est toujours aussi le charlatanisme de désintéressement du chevalier Borry. A Strasbourg, ce sycophante imitateur ne recevoit rien de ses malades ; mais il prenoit par les mains de son apothicaire. Il donne à M. le cardinal une montre à répétition, une montre entourée de diamans, une montre artistement enchâſſée dans une pomme de canne : à Paris il le traite ſplendidement avec les convives de ſon choix, & il ne veut abſolument rien ; mais ſa femme reçoit des cadeaux ; elle les reçoit chaque fois qu'arrive ſa fête, *Sancta Seraphina.* Ces cadeaux ſont déjà conſidérables ſous la plume du mari ; ils le ſeront davantage ſous celle de la comteſſe de la Motte ; car elle a connu à *Seraphina Felichiani*, non pas une petite montre, non pas une ſeule petite chaîne avec de petits diamans, mais deux chaînes, mais deux montres, dont l'une plus groſſe que l'autre étoit à répétition. La dame de la Motte a connu, outre le portrait du Comte, celui du Cardinal enrichi de diamans ſur un médaillon. Les doigts de cette femme étoient chargés de bagues très-groſſes, ſes oreilles chargées de boucles très-peſantes, ſon ſoulier paré d'autres boucles, étalage de pierreries que la dame de la Motte a dit dans ſon interrogatoire avoir été aux premiers mois de l'année derniere 1785, *le ſcandale des honnêtes femmes, & de celles qui ne le ſont pas.* Ces pierreries ont été étalées devant le perruquier, qui, entendu lors de la plainte de M. le procureur-général, en auroit parlé, ſi le nom des ſieur & dame Caglioſtro avoit pu être alors dans la plainte du magiſtrat. Le perruquier auroit parlé des attitudes ſerviles d'un grand Cardinal aux pieds d'un homme qui lui donnoit avec un air de grandeur ſa main à baiſer. Ce n'eſt que depuis cette plainte, depuis les premieres informations, que l'immenſité des pierreries de la femme, de l'homme a été connue de nous : ne ſont-ce pas des preuves de ce dépécement, dont la femme, quoique non encore décrétée, n'eſt pas moins complice que le mari ?

Mais vous faites de la dépenſe ; vous donnez beaucoup ; vous ne prenez rien ; vous payez tout le monde ; comment faites-vous donc pour avoir de l'argent ?

« *Votre demande*, M. le rapporteur, M. le commissaire de
» la Cour, *n'a aucun rapport au fait dont il s'agit*; *je veux bien*
» cependant vous satisfaire. Eh! qu'importe de savoir si je suis
» le fils d'un monarque ou le fils d'un pauvre, & pourquoi je
» voyage sans vouloir me faire connoître? Qu'importe com-
» ment je fais pour me procurer de l'argent, aussi-tôt que je
» respecte la religion & les loix, que je paie tout le monde,
» que je ne fais que du bien & jamais de mal? La question
» (quelle morgue!) est inutile, & ne convient pas ».

La question étoit convenable, & elle avoit un rapport immédiat au fait, celui de savoir si ce n'est pas lui qui est l'artisan des tromperies faites à M. le cardinal de Rohan, sans que M. le Cardinal soit encore aujourd'hui désabusé. C'est pour l'intérêt même du prélat qu'on a dû demander à Cagliostro, si ce n'est pas M. de Rohan qui, depuis 1780, l'entretenoit à Strasbourg, à Bordeaux, à Lyon. On auroit pu lui demander aussi si ce n'est pas M. de Rohan qui a surpris aux ministres du roi les trois lettres de recommandation, qui a mandié la permission de venir à Paris; de même qu'on a demandé qui est-ce qui a loué & meublé l'hôtel rue Saint-Claude, qui est-ce qui a entretenu à Paris la maison, la table, & tout ce luxe éblouissant.

Il importe également de savoir si ce Comte factice est le fils d'un monarque ou le fils d'un pauvre. Il ne lui suffit pas de respecter la religion & les loix, ou plutôt de dire qu'il les respecte; principe de droit public trop légérement invoqué, & qui mérite une explication, en distinguant avec les jurisconsultes l'état des personnes, *sujet*, *citoyen*, *étranger*.

Il peut être vrai qu'un François, ou même un étranger légalement naturalisé, en respectant les loix & la religion, ne soit pas obligé de répondre à des questions sur sa fortune, dont les moyens si multipliés en France peuvent être plus ou moins légitimes ; loi de notre propriété & de nos possessions ; loi respectée par les monarques, quoique le principe trop général pût être susceptible de distinctions sur l'immensité, la rapidité & l'obscurité de certaines fortunes. On pourroit distinguer aussi les personnes qui sont sans reproche, *integri statûs*, & celles qui sont prévenues de délits, de délits graves, & qui, actuellement sous le glaive de la justice, *in reatu*, sont comptables envers les Tribunaux de leur être, de toute leur existence.

Mais en est-il donc ainsi des étrangers, & bien plus de ces aventuriers, qui, de leur aveu, n'ont ni feu, ni lieu, ni nom, ni parens, ni patrie, *neque nomen*, *neque familiam*, *neque gentem ?* D'anciennes ordonnances interdisoient aux étrangers la résidence dans le royaume ; plus anciennement encore ils étoient traités comme des *serfs*. *Esprit des loix*, livre 30, chapitre 15. *On peut*, dit aussi l'un de nos publicistes, *les congédier sans aucun prétexte, sans qu'ils doivent s'en plaindre, République* de Bodin, livre premier, chap. 11. Si même chaque personne privée n'a pas le droit d'interroger l'étranger sur sa fortune ; cette fortune, ainsi que la personnne, sont au moins restées soumises à l'inspection du censeur des mœurs, de l'honnêteté, de la sûreté publique, & dont le ministere se porte sur les abus pour lesquels il n'y auroit pas d'action dans les tribunaux. M. le Procureur - Général, accusateur, a pu, il a dû faire interroger sur tous les points qu'il a cru propres à éclairer sa religion, & celle des magistrats. Il n'y a que des lecteurs inattentifs qui, jouissant de leurs droits sans les connoître, ont pu penser qu'un principe vrai pour eux, pour nous, pour nos concitoyens, pour les fideles sujets du Roi, l'étoit également pour ceux qui n'ont pas même le droit d'en parler.

L'étranger ajoute néanmoins, d'un ton toujours impératif,

pour M. le rapporteur : « *Sachez* que j'ai du plaiſir à ne pas ſatis-
» faire la curioſité du public.... Mais *je veux bien* vous avouer
» ce que je n'ai voulu dire à perſonne. *Apprenez*, quoi ? que
» ſitôt que je vais dans un pays, j'ai un banquier qui me four-
» nit tout ce qui m'eſt néceſſaire, & qui eſt enſuite *rembourſé*;
» comme, par exemple, pour la France, Sarrazin de Baſle,
» qui me donneroit toute ſa fortune, ſi je le voulois ; ainſi qu'à
» Lyon, M. Sancoſtar : mais j'ai toujours prié ces MM. de ne
» jamais dire qu'ils étoient mes banquiers.

» Et j'ai *en outre* d'autres *reſſources* dans diverſes choſes qui
» me ſont *connues* ».

Ne croyons pas que cet être iſolé ait à ſes ordres les banquiers qu'il nomme, & que l'un lui livrât ſa fortune s'il le vouloit. Le charlatan médecin ſait, & nous ſavons auſſi, comment il a traité malade la femme de Sarrazin de Baſle, c'eſt toute ſa liaiſon avec le mari : mais ſi le ſieur Sancoſtar de Lyon, ſi Sarraſin de Baſle, ſi Bellone de Rome avoient jamais fourni, par qui & avec quoi ont-ils été rembourſés ? Car enfin, il faut qu'ils l'aient été. *C'eſt avec d'autres reſſources dans diverſes choſes qui me ſont connues.* Il les connoît ; elles ſont connues auſſi de M. de Rohan. Ses receveurs, fermiers, tréſoriers, ſa famille, leurs créanciers & les ſiens, en ont ſouvent murmuré : mais M. le procureur-général, mais la Cour ont droit d'interroger ſur ces intariſſables, ces incroyables reſſources de l'accuſé ; & s'il ne répond pas, il eſt dans le cas d'un muet volontaire ſur ſon exiſtence & ſur ſa fortune.

Ici, M. le rapporteur lui fait voir le billet entiérement écrit de la main de M. le cardinal, ſigné des deux joailliers le 29 janvier 1785, au bas duquel eſt cette ſignature ſi fauſſe, MARIE-ANTOINETTE DE FRANCE.

« Je

« *Je crois*, répond-il, que quinze ou vingt jours avant d'être » arrêté, M. le cardinal me montra le billet dont vous me par» lez, & je lui dis que la dame de la Motte étoit une *fourbe*, » qu'elle le *trompoit*, qu'elle étoit une *scélérate*. Il n'a jamais » voulu me croire, & moi j'ai constamment pensé que le billet » étoit faux ». Il est faux sans doute ; mais quel est le faussaire, le fourbe, le scélérat ? Ce sera l'un des délits à agiter plus sérieusement encore avec les co-accusés.

Enfin, derniere question & derniere réponse :

Est-il vrai qu'avant d'entrer à la Bastille, vous vouliez acheter une maison de 150 mille écus ?

« Cela est *faux* ». C'est toujours son premier mot ; mais l'explication sur laquelle il hésite, ne détruira-t-elle pas la dénégation ? « Je me souviens *seulement* qu'un jour, en me faisant » coëffer par mon perruquier, quelques personnes me parlerent » d'un pavillon qu'une compagnie de mes amis vouloit acheter, » & je dis que *bien volontiers je le prendois pour moi* ». Il n'est donc pas *faux* qu'il ait voulu acheter, qu'il ait même voulu acheter 150 mille écus, puisque déclarer que *bien volontiers on prendroit pour soi un pavillon*, que d'autres vouloient acheter pour eux, c'est certainement vouloir l'acheter, à moins que *acheter* ou *prendre* pour soi, ne soient pas pour lui la même chose. Ce fait pouvoit être attesté par le perruquier présent, & c'est pour cela qu'on n'a pas osé le nier : mais très-sûr de n'être pas contredit sur ce que personne ne peut savoir, il ajoute : « Je ne tins ce propos qu'*en l'air* & *sans dessein* ». Cependant le marché s'est négocié, & la conclusion pour lui n'a tenu qu'à 15 ou 20,000 livres. Or, comment étoit-il en état de payer 450,000 livres, précisément depuis la disparition du collier ?

Tel eſt cet interrogatoire ſubi, nous devons le répéter, ſous la religion du ſerment ; tel il eſt pour les dénégations, pour les aveux, pour les héſitations, pour les interprétations ſur l'achat du pavillon, ſur le billet ſigné *Marie-Antoinette de France*, ſur les *reſſources* connues de lui, ſur ſes banquiers, ſur les diamans de lui & de celle qu'il appelle ſa femme, ſur les projets de ſon miniſtere & de celui de M. le cardinal de Rohan ; ſur les ſcenes tant multipliées avec la comteſſe de la Motte, la demoiſelle ſa niece, & même avec deux petits enfans ; ſur la commenſalité du prélat, ſur le bail de l'hôtel rue Saint-Claude, ſur l'époque de l'arrivée à Paris, ſur l'incertitude de ſa naiſſance à Malthe ou à Médine, ſur ſon nom d'Alexandre de Cagliſtro, & ſur ſon âge borné enfin à trente-huit ans. Le ſerment ſolemnel donne-t-il du poids à la *confeſſion* ?

TROISIEME PARTIE.

Réfutation du mémoire de la comteſſe de la Motte, en ce qui concerne le comte de Caglioſtro.

Il commence la réfutation par celle des qualités que nous lui avons données.

Empyrique dans l'art des cures humaines.

Il adopte la qualité d'empyrique, ſi l'on veut par là déſigner un homme, qui, ſans être docteur d'une faculté, a des connoiſſances en médecine, qui ne fait pas payer ſes viſites, & qui guérit les pauvres comme les riches. Mais *empyrique*, dit notre académie, *ſe prend le plus ſouvent pour charlatan* ; c'eſt-à-dire, un homme qui, ſans études préparatoires, qui ſans connoiſſances acquiſes, entreprend tous les genres de maladies avec des procédés mécaniques & uniformes, qui publie avoir guéri tous ceux qui ne font pas morts, qui vend immenfément fes phioles par les mains d'un facteur; & qui donne à des pauvres quelques pieces de monnoie avec une oftentation qui affecte néanmoins le fecret.

Bas alchymifte.

On fait, reprend-il, s'il a jamais rampé, ni demandé des graces ou des penfions. Ce n'eft qu'à ceux qui demandent ou qui rampent que convient la qualification de *bas*. Elle convient auffi, difons-nous, à ces opérateurs qui, non moins ignorans en alchymie qu'en médecine, n'ont qu'une formule & un jargon vulgaires, qui n'effectuent pas la tranfmutation des métaux, mais qui, par des tours fubtiles, la perfuadent à des gens fimples & ébahis des fpectacles dont il a importuné quelques Cours de l'Europe & le public, malgré fes affertions contraires.

Faux prophete dans les fectes dont il fe dit inftruit.

Il répond qu'il ne l'a pas toujours été, & que, fi M. le cardinal l'avoit cru, tous deux ne feroient pas où ils font. Mauvaife plaifanterie, qui ne réfute pas les faits imprimés dans les papiers-nouvelles de l'Europe, dans des écrits privés qu'il traite de libelles, & qui peuvent en effet être des libelles, mais pour tout autre que pour lui. Par exemple, fes loges égyptiennes tout-à-la-fois fi impies & fi obfcenes; fes invocations au grand *Cofte* & à *Michaël* l'archange; les fermens faits par lui & par lui exigés fur les fymboles de notre croyance, & tant d'autres impudences qui ajoutent à la qualité de faux prophete dans certaines fectes, celle de profanateur du feul culte vrai.

Il aborde auffi, mais il ne réfute pas cette illufion malheureufe dans laquelle il a entretenu pendant fix mois M. le cardinal de Rohan, en trompant des yeux qui, depuis le premier février 1785, avoient vu, des mains qui avoient touché, une bouche qui avoit prononcé, quoi! des ordres de vendre, de faire vendre, & monter des parcelles d'un tout prétendu remis antérieurement à la Reine. Faits inouis pour tout le monde, excepté pour les deux acteurs, l'un trompeur, & l'autre trompé; faits, nous le répéterons encore, qui seront démontrés ailleurs, ainsi que la présence du magicien à Paris, à l'époque précise des premieres entrevues avec les deux joailliers. S'il eût voulu réfuter sa présence, il auroit nommé l'hôtel garni où il prétend être descendu au Palais royal le 30 janvier 1785. Il auroit mis par-là la police, nous & nos juges en état de vérifier; & les réticences décelent également les impostures.

Quant à la véracité de son mariage, quant à celle d'un autre sacrement qui l'auroit nommé *Alexandre*, ce n'est pas par des paroles qu'il réfutera des soupçons si fondés. La réfutation qu'il promet dépend de deux pieces; un acte baptistaire, un acte de mariage: celui-ci est indiqué à Rome, il est indiqué à l'année 1770: quel jour, quel mois? Qu'il le dise, & qu'il le montre. L'autre acte est-il de Médine ou de Malthe? Il n'en fait rien. Comment sait-il donc qu'il y est nommé Alexandre? Si au contraire il est né & nommé Alexandre *Thiscio* dans l'une des paroisses de l'un des fauxbourgs de Naples, tout est imposture dans les cinquante pages remplies par la *confession*, l'*interrogatoire* & la *réfutation*.

Mais il est un article particulier de cette prétendue *réfutation* qui doit être particuliérement *réfuté* de notre part.

La comtesse de la Motte, dit-il, finit par donner à entendre que « j'ai fait quelques mauvaises actions dans certaines » cours de l'Europe, & que quelques-unes sont de la con» noissance de la dame Bohmer. Je la défie de les décla» rer, & si elle ne les *déclare* pas, si elle ne répond pas à un

» défi si formel, je lui *déclare* moi, une fois pour toutes, que
» je me contenterai de faire à toutes ses réticences, à toutes
» ses injures passées, présentes & futures, une réponse bien
» laconique, bien claire, bien énergique, que l'auteur des
» *lettres provinciales* faisoit autrefois, en pareil cas, à une so-
» ciété puissante; réponse que la civilité me défend de met-
» tre en françois, mais que la comtesse de la Motte pourra
» se faire expliquer par ses conseils, *mentiris impudentissimè* »,
tu ments très-impudemment.

Le défi est accepté, & voici le fait sur lequel on force la comtesse de la Motte de faire sa déclaration.

Dans le mois d'avril 1785, étant à dîner chez la dame Bohmer, la conversation s'engagea sur le mesmerisme, & la dame de la Motte avoua qu'elle y croyoit. La dame Bohmer fut d'un autre avis, ajoutant, tous ces gens-là ne veulent qu'attraper le public; comme ce Cagliostro, chassé de tous les endroits où il a voulu faire de l'or, & chassé dernierement de la Pologne, d'où arrive une personne qui me l'a raconté.

C'est que, annoncé à la Cour pour bien des secrets, & principalement celui de la pierre philosophale, quelques courtisans s'en moquoient. Le jour fut pris pour opérer, & l'un des incrédules sachant qu'il avoit avec lui une jeune femme ou une jeune fille, il la vit secrétement. Nous ne disons pas que ce fut la dame Cagliostro actuelle, parce que nous sommes instruits qu'il en a eu plusieurs à sa suite. La jeune fille ou femme révéla le mystere au courtisan, & lui dit, *prenez garde à son pouce qu'il replie dans le creux de la main & où il cache le morceau d'or* qu'il coule dans le creuset chymique. Le courtisan attentif à l'opération, entendit tomber l'or, saisit la main, & dit, Sire, *j'ai entendu.* On cherche, & l'on trouve une petite boule d'or encore entiere avant la fusion. On tombe fur lui avec le bâton, & l'œil tout en sang il est jetté hors du palais.

C'est ce que la comtesse de la Motte avoit voulu indiquer dans son premier mémoire ; on l'a hardiment défiée d'en faire, même la déclaration ; elle la fait, elle cite la dame Bohmer, qui, sur une nouvelle plainte, pourroit être entendue, & le fait pourroit aussi être vérifié sur les lieux où il est arrivé. N'est-ce donc pas ce que la dame de la Motte a eu le droit d'appeller une *basse* alchymie, ces tours grossiers joués dans les foires ou sur des tréteaux ambulans ? Qu'il réfute maintenant ou qu'il dise avoir réfuté, parce qu'il a écrit le mot *réfutation*. On n'y croira pas plus qu'à son *interrogatoire* irréligieux, quoique fait sous la religion du serment ; pas plus qu'à une *confession* sortie d'un cerveau fanatique, ou puisée en partie dans les *lettres sur la Suisse*.

Voilà donc l'ouvrage entier que quelques lecteurs auroient voulu que nous eussions laissé sans réponse, comme inutile à l'instruction des délits dont sont prévenus M. le Cardinal de Rohan, la dame de la Motte, son mari, le comte de Cagliostro, & une nouvelle actrice qui est venue continuer, sur la scene de l'instruction, le rôle fantastique qu'elle s'accuse d'avoir joué dans les jardins de Versailles au mois de juillet ou d'août 1784, c'est-à-dire, six mois avant que le collier fût connu ; comme si cette autre fable pouvoit être liée avec l'affaire capitale. Si le public étoit instruit des causes secretes qui ont provoqué l'inondation typographique de tant de mémoires, il sentiroit, comme nous, qu'on veut le distraire de l'objet, du grand objet qui nous occupe plus sérieusement, un crime de lese-majesté.

Cependant quelles machinations secretes n'a-t-on pas ourdies, pour enlever à l'infortunée Valois deux témoins oculaires, artiſans principaux du dépécement, le comte & la comteſſe de Caglioſtro! C'eſt le tems d'un ſommeil létargique pour M. le cardinal de Rohan; ſon réveil ſera terrible; ſa famille, ſa maiſon, ſon nom lui reprocheront éternellement ces deshonorantes aſſociations. Mais s'il eût obtenu l'élargiſſement proviſoire de ſon ancien protégé, ſon protecteur actuel, quels événemens pouvoient en réſulter?

L'élargiſſement, ou de M. de Rohan, ou de la comteſſe de la Motte, auroient pu être accordés ſans aucune ſenſation dangereuſe; celui du héros de Médine, de la Mecque, de Malte, n'en doutons pas, auroit entraîné l'émotion populaire. Oui, l'on auroit vu l'enthouſiaſme, la frénéſie, le ſchiſme en perſonne marcher vers le palais cardinal, y reporter en triomphe, l'un des buſtes qui en ont long-temps déshonoré les appartemens, celui ſur-tout qui avoit pour inſcription, *divo Caglioſtro*. Là, on eût vu des ſectateurs, avec les truelles de la franc-maçonnerie, avec les bacquets du magnétiſme animal, édifier un temple, y prononcer l'Oraiſon ſéditieuſe; & l'encenſoir à la main, ô temps! ô mœurs! nous inviter, nous forcer de fléchir devan tl'idole le genou de la vénération.

L'idole eſt terraſſée, l'homme reſte, & nous reſterons maîtres de diſcuter, avec le ſang froid du raiſonnement, la plainte de M. le Procureur Général, ou plutôt la dénonciation de M. le cardinal de Rohan, contre la comteſſe de la Motte.

Meſſieurs TITON & DUPUIS DE MARCÉ, *Rapporteurs.*

Me DOILLOT, Avocat.

BERNAULT, Procureur.

POST-SCRIPTUM.

Nous apprenons dans le moment que les premiers mémoires du comte de Cagliostro, de la demoiselle d'Oliva, du sieur Bette d'Etienville, du baron de Fages, & peut-être d'autres adversaires encore, ne sont que le prélude d'ouvrages plus considérables, dans lesquels chacun se propose, en affectant toujours le ton de l'impartialité, d'entretenir le foyer de la calomnie contre la comtesse de la Motte.

De cette multitude d'écrits, déjà contraires les uns aux autres, déjà contradictoires avec eux-mêmes, ce qu'on voudroit faire conclure, c'est qu'*une seule personne est coupable*, puisque toutes les voix s'élevent à la fois contre une seule; nous ne nous effrayerons pas, & nous dirons, *une seule est innocente*, puisque l'intrigue, l'intrigue ténébreuse sent le besoin qu'elle a de réunir les partis les plus opposés.

Me DOILLOT, Avocat.